Guizhou Sheng Wasi Suidao Yusuan Ding'e

贵州省瓦斯隧道预算定额

主编单位: 贵州省交通建设工程造价管理站(贵州省交通技术中心)
批准部门: 贵州省交通运输厅
实施日期: 2014 年 2 月 10 日

人民交通出版社

书　　名：贵州省瓦斯隧道预算定额
著 作 者：贵州省交通建设工程造价管理站（贵州省交通技术中心）
责任编辑：周　宇
出版发行：人民交通出版社
地　　址：（100011）北京市朝阳区安定门外外馆斜街3号
网　　址：http://www.ccpress.com.cn
销售电话：（010）59757973
总 经 销：人民交通出版社发行部
经　　销：各地新华书店
印　　刷：北京市密东印刷有限公司
开　　本：880×1230　1/32
印　　张：1.375
版　　次：2014年3月　第1版
印　　次：2014年3月　第1次印刷
书　　号：ISBN 978-7-114-11223-2
定　　价：9.00元
（有印刷、装订质量问题的图书由本社负责调换）

图书在版编目（CIP）数据

贵州省瓦斯隧道预算定额 / 贵州省交通建设工程造价管理站主编. — 北京：人民交通出版社，2014.3

ISBN 978-7-114-11223-2

Ⅰ. ①贵…　Ⅱ. ①贵…　Ⅲ. ①瓦斯隧道—预算定额—贵州省　Ⅳ. ①U459.9

中国版本图书馆CIP数据核字（2014）第036310号

贵州省交通运输厅关于发布《贵州省瓦斯隧道预算定额》的通知

黔交价〔2014〕1号

各市(州)交通运输局、仁怀市交通运输局、威宁县交通运输局、省公路局、省高管局、省交通建设工程质量监督局、贵州高速公路集团有限公司、厅机关各处室:

《贵州省瓦斯隧道预算定额》已经专家评审,现发布试行。在实施过程中,请各有关单位收集该定额使用情况的意见和建议,并及时反馈至贵州省交通建设工程造价管理站(贵州省交通技术中心)。

《贵州省瓦斯隧道预算定额》由贵州省交通建设工程造价管理站(贵州省交通技术中心)负责解释。(联系人:张胜林,联系电话:0851-6520130)

贵州省交通运输厅

2014年2月10日

《贵州省瓦斯隧道预算定额》编委会

主编单位　贵州省交通建设工程造价管理站（贵州省交通技术中心）

参编单位　中交经纬公路造价技术有限公司

参编人员　张胜林　车正伟　张领先　周　斌　蒋永军　魏国红
聂艳雪

审查专家　董再更　李凤求　王　联　束　懿　杨　新

说　　明

一、《贵州省瓦斯隧道预算定额》适用于贵州省公路工程瓦斯隧道项目。

二、本定额是以人工、材料、机械台班消耗量表现的工程预算定额。编制预算时，其人工费、材料费、机械使用费，应按照《公路工程基本建设项目概预算编制办法》(JTG B06—2007)的规定计算。

三、本定额包括瓦斯隧道超前探测钻孔，瓦斯排放钻孔，瓦斯隧道正洞机械开挖，瓦斯隧道现浇混凝土衬砌，瓦斯隧道正洞通风，瓦斯隧道施工监测监控系统等项目。

四、本定额是按照合理的施工组织和正常的施工条件编制的。定额中所采用的施工方法和质量标准是根据交通运输部现行的公路工程施工技术规范、公路工程质量评定标准以及安全操作规范取定的。除定额中规定允许换算者外，均不得因具体工程的施工组织、操作方法和材料消耗与定额的规定不同而变更定额。

五、本定额中的工作时间按每工日 7h 计算。

六、本定额中的工作内容均包括定额项目的全部施工过程。定额内除扼要说明施工的主要操作工序外，均包括准备与结束、场内操作范围内的水平与垂直运输、材料工地小搬运、辅助和零星用工、工具及机械小修、场地清理等工作内容。

七、本定额中的材料、成品、半成品均已包括场内运输及操作损耗，编制预算时，不得另行增加。其场外运输损耗、仓库保管损耗以及由于材料供应规格和质量不符合定额规定而发生的加工损耗，应在材料预算价格内考虑。

八、本定额中的周转性材料、模板、支撑、脚手架等的数量，已考虑了材料的正常周转次数并计入定额内，一般不应进行抽换。

九、本定额中的气密性混凝土均考虑了气密剂费用，气密剂掺入量按水泥用量7%掺入。当设计采用的气密剂用量与本定额不同时，可进行抽换。

十、本定额中的施工机械种类、规格是按一般合理的施工组织确定的，如施工中实际采用机械的种类、型号与定额规定不一致，一律不得换算。

十一、本定额中的施工机械的台班消耗，已考虑了工地合理的停置、空转和必要的备用量等因素。

十二、本定额中只列工程所需的主要材料用量和主要机械台班数量。对于次要、零星材料和小型施工机具均未一一列出，分别列入"其他材料费"及"小型机具使用费"内，以"元"表示，编制预算即按此计算。

十三、本定额表中注明"某某数以内"或"某某数以下"者，均包括某某数本身；而注明"某某数以外"或"某某数以上"者，均不包括某某数本身。定额内数量带"（　）"者，则表示基价中未包括其价格。

十四、本定额中的基价是人工费、材料费、机械使用费的合计值。基价中的人工费、材料费基本上是按照北京市2007年的人工、材料预算价格计算的。机械使用费按照2007年交通运输部公布的《公路工程机械台班费用定额》（JTG/T B06-03—2007）计算。其中缺项的机械使用费按本定额附录1"贵州省公路工程机械台班费用补充定额表"取定。

十五、瓦斯隧道采用对向平行施工时，套用"瓦斯隧道正洞通风"定额，隧道长度按单向施工长度计；若仅有单向为瓦斯隧道，瓦斯隧道一侧套用"瓦斯隧道正洞通风"定额，另一侧套用《公路工程预算定额》(JTG/T B06-02—2007)。

十六、在瓦斯隧道设计、施工过程中,针对不同等级、不同作业工区,在瓦斯防治时所采取的相应措施,其预算定额按下表选用:

瓦斯隧道预算定额使用说明一览表

<table>
<tr><th rowspan="3">设计阶段</th><th rowspan="3">施工阶段</th><th rowspan="3">瓦斯防治措施</th><th colspan="3">适用定额</th></tr>
<tr><th colspan="2">贵州省瓦斯隧道预算定额</th><th rowspan="2">部颁2007年定额</th></tr>
<tr><th>编号</th><th>名称</th></tr>
<tr><td rowspan="11">低瓦斯隧道</td><td rowspan="7">微瓦斯工区</td><td>煤层探测</td><td>3-5-1</td><td>瓦斯隧道超前探测钻孔</td><td rowspan="11">其他工程内容套用</td></tr>
<tr><td>钢支撑冷连接</td><td>3-5-4</td><td>瓦斯隧道钢支撑</td></tr>
<tr><td>初期支护</td><td>3-5-6</td><td>瓦斯隧道喷射混凝土</td></tr>
<tr><td>二次衬砌</td><td>3-5-7</td><td>瓦斯隧道现浇混凝土衬砌</td></tr>
<tr><td>正洞通风</td><td>3-5-8</td><td>瓦斯隧道正洞通风</td></tr>
<tr><td>高压风水管、照明、电线路</td><td>3-5-9</td><td>瓦斯隧道正洞高压风水管、照明、电线路</td></tr>
<tr><td>监测监控系统</td><td>3-5-10</td><td>瓦斯隧道施工监测监控系统(瓦斯监测系统、人员管理系统、放炮联锁系统)</td></tr>
<tr><td rowspan="4">低瓦斯工区</td><td>煤层探测</td><td>3-5-1</td><td>瓦斯隧道超前探测钻孔</td></tr>
<tr><td>矿用材料</td><td>3-5-3(Ⅰ)</td><td>瓦斯隧道正洞机械开挖</td></tr>
<tr><td>钢支撑冷连接</td><td>3-5-4</td><td>瓦斯隧道钢支撑</td></tr>
<tr><td>初期支护</td><td>3-5-6</td><td>瓦斯隧道喷射混凝土</td></tr>
</table>

续前页

<table>
<tr><th rowspan="3">设计阶段</th><th rowspan="3">施工阶段</th><th rowspan="3">瓦斯防治措施</th><th colspan="3">适 用 定 额</th></tr>
<tr><th colspan="2">贵州省瓦斯隧道预算定额</th><th rowspan="2">部颁2007年定额</th></tr>
<tr><th>编号</th><th>名称</th></tr>
<tr><td rowspan="4">低瓦斯隧道</td><td rowspan="4">低瓦斯工区</td><td>二次衬砌</td><td>3－5－7</td><td>瓦斯隧道现浇混凝土衬砌</td><td rowspan="15">其他工程内容套用</td></tr>
<tr><td>正洞通风</td><td>3－5－8</td><td>瓦斯隧道正洞通风</td></tr>
<tr><td>高压风水管、照明、电线路</td><td>3－5－9</td><td>瓦斯隧道正洞高压风水管、照明、电线路</td></tr>
<tr><td>监测监控系统</td><td>3－5－10</td><td>瓦斯隧道施工监测监控系统(瓦斯监测系统、人员管理系统、放炮联锁系统)</td></tr>
<tr><td rowspan="11">高瓦斯隧道</td><td rowspan="11">高瓦斯工区</td><td>煤层探测</td><td>3－5－1</td><td>瓦斯隧道超前探测钻孔</td></tr>
<tr><td>瓦斯排放</td><td>3－5－2</td><td>瓦斯排放钻孔</td></tr>
<tr><td>矿用材料</td><td>3－5－3(Ⅰ)</td><td>瓦斯隧道正洞机械开挖</td></tr>
<tr><td>移动设备(防爆)</td><td>3－5－3(Ⅱ)</td><td>自卸汽车运输</td></tr>
<tr><td>钢支撑冷连接</td><td>3－5－4</td><td>瓦斯隧道钢支撑</td></tr>
<tr><td>超前支护</td><td>3－5－5</td><td>瓦斯隧道管棚、小导管</td></tr>
<tr><td>初期支护</td><td>3－5－6</td><td>瓦斯隧道喷射混凝土</td></tr>
<tr><td>二次衬砌</td><td>3－5－7</td><td>瓦斯隧道现浇混凝土衬砌</td></tr>
<tr><td>正洞通风</td><td>3－5－8</td><td>瓦斯隧道正洞通风</td></tr>
<tr><td>高压风水管、照明、电线路</td><td>3－5－9</td><td>瓦斯隧道正洞高压风水管、照明、电线路</td></tr>
</table>

续前页

<table>
<tr><th rowspan="3">设计阶段</th><th rowspan="3">施工阶段</th><th rowspan="3">瓦斯防治措施</th><th colspan="3">适 用 定 额</th></tr>
<tr><th colspan="2">贵州省瓦斯隧道预算定额</th><th rowspan="2">部颁 2007 年定额</th></tr>
<tr><th>编号</th><th>名称</th></tr>
<tr><td>高瓦斯隧道</td><td>高瓦斯工区</td><td>监测监控系统</td><td>3－5－10</td><td>瓦斯隧道施工监测监控系统（瓦斯监测系统、人员管理系统、放炮联锁系统、视频监控及语音广播系统）</td><td rowspan="12">其他工程内容套用</td></tr>
<tr><td rowspan="3">瓦斯突出隧道</td><td rowspan="3">瓦斯突出工区</td><td>煤层探测</td><td>3－5－1</td><td>瓦斯隧道超前探测钻孔</td></tr>
<tr><td>瓦斯排放</td><td>3－5－2</td><td>瓦斯排放钻孔</td></tr>
<tr><td>矿用材料</td><td>3－5－3（Ⅰ）</td><td>瓦斯隧道正洞机械开挖</td></tr>
<tr><td rowspan="8">瓦斯突出隧道</td><td rowspan="8">瓦斯突出工区</td><td>移动设备（防爆）</td><td>3－5－3（Ⅱ）</td><td>自卸汽车运输</td></tr>
<tr><td>钢支撑冷连接</td><td>3－5－4</td><td>瓦斯隧道钢支撑</td></tr>
<tr><td>超前支护</td><td>3－5－5</td><td>瓦斯隧道管棚、小导管</td></tr>
<tr><td>初期支护</td><td>3－5－6</td><td>瓦斯隧道喷射混凝土</td></tr>
<tr><td>二次衬砌</td><td>3－5－7</td><td>瓦斯隧道现浇混凝土衬砌</td></tr>
<tr><td>正洞通风</td><td>3－5－8</td><td>瓦斯隧道正洞通风</td></tr>
<tr><td>高压风水管、照明、电线路</td><td>3－5－9</td><td>瓦斯隧道正洞高压风水管、照明、电线路</td></tr>
<tr><td>监测监控系统</td><td>3－5－10</td><td>瓦斯隧道施工监测监控系统（瓦斯监测系统、人员管理系统、放炮联锁系统、视频监控及语音广播系统、煤与瓦斯突出实时诊断系统）</td></tr>
</table>

目　　录

3-5-1 瓦斯隧道超前探测钻孔

工程内容 超前初探钻孔:测量放样,操作平台搭设,钻孔机具安装、钻孔、清孔、移动、拆除,套管装拔。

超前探测取芯钻孔:测量放样,操作平台搭设,钻孔机具安装、钻孔、清孔、取芯、移动、拆除,套管装拔。

钻屑指标法预测孔:测量放样,操作平台搭设,钻孔机具安装、钻孔、清孔、移动、拆除,套管装拔。

Ⅰ.超前初探钻孔

单位:10m

顺序号	项目	单位	代号	孔径76mm以内								
				孔深20m以内			孔深40m以内			孔深60m以内		
				Ⅳ级围岩	Ⅴ级围岩	Ⅵ级围岩	Ⅳ级围岩	Ⅴ级围岩	Ⅵ级围岩	Ⅳ级围岩	Ⅴ级围岩	Ⅵ级围岩
				1	2	3	4	5	6	7	8	9
1	人工	工日	1	8.4	6.2	2.5	9.7	7.0	3.1	10.8	7.7	3.9
2	锯材	m^3	102	0.014	0.014	0.014	0.007	0.007	0.007	0.005	0.005	0.005
3	钢管	t	191	0.005	0.004	0.003	0.005	0.004	0.003	0.005	0.004	0.003
4	ϕ150mm以内合金钻头	个	214	0.2	0.2	0.1	0.2	0.2	0.1	0.2	0.2	0.1
5	钻杆	kg	216	4.6	4.2	2.6	9.6	8.8	5.7	15.8	14.6	9.9
6	铁钉	kg	653	1.9	1.9	1.9	1.9	1.9	1.9	1.9	1.9	1.9
7	20~22号铁丝	kg	656	0.3	0.3	0.3	0.3	0.3	0.3	0.3	0.3	0.3
8	水	m^3	866	2	2	2	2	2	2	2	2	2

续前页 单位:10m

顺序号	项　　目	单位	代号	孔径 76mm 以内								
				孔深 20m 以内			孔深 40m 以内			孔深 60m 以内		
				Ⅳ级围岩	Ⅴ级围岩	Ⅵ级围岩	Ⅳ级围岩	Ⅴ级围岩	Ⅵ级围岩	Ⅳ级围岩	Ⅴ级围岩	Ⅵ级围岩
				1	2	3	4	5	6	7	8	9
9	其他材料费	元	996	21.2	12.6	6.4	24.3	14.5	7.7	26.1	15.1	9.5
10	全液压履带钻机 ZYL-1250	台班	1121	1.34	0.98	0.38	1.53	1.09	0.50	1.73	1.24	0.59
11	$20m^3$/min 以内电动空压机	台班	1838	1.03	0.76	0.29	1.18	0.85	0.41	1.32	0.93	0.48
12	小型机具使用费	元	1998	41.3	27.6	13.8	48.9	31.3	18.8	57.6	35.1	22.6
13	基价	元	1999	1519	1133	483	1750	1276	628	1981	1432	758

Ⅱ.超前探测取芯钻孔

单位:10m

<table>
<tr><td rowspan="4">顺序号</td><td rowspan="4">项　目</td><td rowspan="4">单位</td><td rowspan="4">代号</td><td colspan="9">孔径 76mm 以内</td></tr>
<tr><td colspan="3">孔深 20m 以内</td><td colspan="3">孔深 40m 以内</td><td colspan="3">孔深 60m 以内</td></tr>
<tr><td>Ⅳ级围岩</td><td>Ⅴ级围岩</td><td>Ⅵ级围岩</td><td>Ⅳ级围岩</td><td>Ⅴ级围岩</td><td>Ⅵ级围岩</td><td>Ⅳ级围岩</td><td>Ⅴ级围岩</td><td>Ⅵ级围岩</td></tr>
<tr><td>10</td><td>11</td><td>12</td><td>13</td><td>14</td><td>15</td><td>16</td><td>17</td><td>18</td></tr>
<tr><td>1</td><td>人工</td><td>工日</td><td>1</td><td>10.9</td><td>8.1</td><td>3.7</td><td>12.6</td><td>9.1</td><td>4.8</td><td>14.1</td><td>10.0</td><td>5.9</td></tr>
<tr><td>2</td><td>锯材</td><td>m^3</td><td>102</td><td>0.014</td><td>0.014</td><td>0.014</td><td>0.007</td><td>0.007</td><td>0.007</td><td>0.005</td><td>0.005</td><td>0.005</td></tr>
<tr><td>3</td><td>钢管</td><td>t</td><td>191</td><td>0.005</td><td>0.004</td><td>0.003</td><td>0.005</td><td>0.005</td><td>0.003</td><td>0.005</td><td>0.004</td><td>0.003</td></tr>
<tr><td>4</td><td>ϕ150mm 以内合金取芯钻头</td><td>个</td><td>2215</td><td>0.3</td><td>0.3</td><td>0.2</td><td>0.3</td><td>0.3</td><td>0.2</td><td>0.3</td><td>0.3</td><td>0.2</td></tr>
<tr><td>5</td><td>钻杆</td><td>kg</td><td>216</td><td>5.9</td><td>5.4</td><td>3.4</td><td>12.4</td><td>11.4</td><td>7.3</td><td>20.5</td><td>19.0</td><td>13.2</td></tr>
<tr><td>6</td><td>铁钉</td><td>kg</td><td>653</td><td>1.9</td><td>1.9</td><td>1.9</td><td>1.9</td><td>1.9</td><td>1.9</td><td>1.9</td><td>1.9</td><td>1.9</td></tr>
<tr><td>7</td><td>20~22 号铁丝</td><td>kg</td><td>656</td><td>0.3</td><td>0.3</td><td>0.3</td><td>0.3</td><td>0.3</td><td>0.3</td><td>0.3</td><td>0.3</td><td>0.3</td></tr>
<tr><td>8</td><td>水</td><td>m^3</td><td>866</td><td>2</td><td>2</td><td>2</td><td>2</td><td>2</td><td>2</td><td>2</td><td>2</td><td>2</td></tr>
<tr><td>9</td><td>其他材料费</td><td>元</td><td>996</td><td>23.2</td><td>14.1</td><td>7.1</td><td>27.3</td><td>16.2</td><td>8.5</td><td>28.6</td><td>16.9</td><td>10.7</td></tr>
<tr><td>10</td><td>全液压履带钻机 ZYL-1250</td><td>台班</td><td>1121</td><td>1.73</td><td>1.28</td><td>0.57</td><td>1.99</td><td>1.43</td><td>0.77</td><td>2.23</td><td>1.60</td><td>0.90</td></tr>
<tr><td>11</td><td>$20m^3$/min 以内电动空压机</td><td>台班</td><td>1838</td><td>1.35</td><td>0.99</td><td>0.44</td><td>1.55</td><td>1.10</td><td>0.60</td><td>1.71</td><td>1.19</td><td>0.72</td></tr>
<tr><td>12</td><td>小型机具使用费</td><td>元</td><td>1998</td><td>50.1</td><td>32.6</td><td>16.3</td><td>58.9</td><td>37.6</td><td>22.6</td><td>68.9</td><td>41.3</td><td>26.30</td></tr>
<tr><td>13</td><td>基价</td><td>元</td><td>1999</td><td>1978</td><td>1482</td><td>710</td><td>2286</td><td>1673</td><td>929</td><td>2571</td><td>1855</td><td>1124</td></tr>
</table>

Ⅲ.钻屑指标法预测孔

单位:10m

顺序号	项目	单位	代号	围岩级别		
				Ⅳ级围岩	Ⅴ级围岩	Ⅵ级围岩
				19	20	21
1	人工	工日	1	8.3	6.1	3.0
2	锯材	m^3	102	0.016	0.016	0.016
3	钢管	t	191	0.002	0.002	0.001
4	ϕ50mm 以内合金钻头	个	213	0.2	0.2	0.1
5	钻杆	kg	216	7.2	6.6	4.2
6	铁钉	kg	653	1.9	1.9	1.9
7	20~22 号铁丝	kg	656	0.3	0.3	0.3
8	水	m^3	866	2	2	2
9	其他材料费	元	996	26.8	16.3	11.1
10	风煤钻	台班	1106	1.09	0.90	0.37
11	10m^3/min 以内电动空压机	台班	1837	0.90	0.66	0.27
12	小型机具使用费	元	1998	20.0	13.8	3.8
13	基价	元	1999	920	698	346

3－5－2　瓦斯排放钻孔

工程内容　瓦斯排放钻孔：测量放样，操作平台搭设，钻孔机具安装、钻孔、清孔、移动、拆除，套管装拔。

单位：10m

顺序号	项　　目	单位	代号	孔径 76mm 以内		
				围岩级别		
				Ⅳ级围岩	Ⅴ级围岩	Ⅵ级围岩
				1	2	3
1	人工	工日	1	5.3	3.9	2.1
2	锯材	m^3	102	0.014	0.014	0.014
3	钢管	t	191	0.005	0.004	0.003
4	ϕ150mm 以内合金钻头	个	214	0.2	0.2	0.1
5	钻杆	kg	216	4.6	4.2	2.6
6	铁钉	kg	653	1.9	1.9	1.9
7	20～22 号铁丝	kg	656	0.3	0.3	0.3
8	水	m^3	866	2	2	2
9	其他材料费	元	996	22.9	12.8	7.0
10	全液压履带钻机 ZYL－1250	台班	1121	0.91	0.68	0.41
11	20m^3/min 以内电动空压机	台班	1838	0.67	0.56	0.30
12	小型机具使用费	元	1998	21.3	17.5	8.8
13	基价	元	1999	1031	817	473

3-5-3 瓦斯隧道正洞机械开挖自卸汽车运输

工程内容 开挖:测量、画线、打眼、装药、爆破、找顶、修整,脚手架、踏步安拆,一般排水。
出渣:洞渣装、运、卸及道路养护。

I.开 挖

单位:100m³ 自然密实土、石

顺序号	项目	单位	代号	隧道长度1000m以内			隧道长度2000m以内		
				围岩级别					
				Ⅳ级围岩	Ⅴ级围岩	Ⅵ级围岩	Ⅳ级围岩	Ⅴ级围岩	Ⅵ级围岩
				1	2	3	4	5	6
1	人工	工日	1	66.2	68.9	96.8	68.9	70.5	99.2
2	原木	m^3	101	0.022	0.021	0.011	0.022	0.021	0.011
3	锯材	m^3	102	0.020	0.019	0.011	0.020	0.019	0.011
4	钢管	t	191	0.011	0.011	—	0.011	0.011	—
5	空心钢钎	kg	212	6.5	4.0	6.2	6.5	4.0	6.1
6	ϕ50mm以内合金钻头	个	213	3	2	—	3	2	—
7	铁钉	kg	653	0.2	0.2	—	0.2	0.2	—
8	8~12号铁丝	kg	655	1.9	1.8	—	1.8	1.8	—
9	煤矿乳化炸药	kg	2849	99.0	41.0	—	99.0	41.0	—

续前页

单位:100m^3 自然密实土、石

顺序号	项目	单位	代号	隧道长度 1000m 以内			隧道长度 2000m 以内		
				围岩级别					
				Ⅳ级围岩	Ⅴ级围岩	Ⅵ级围岩	Ⅳ级围岩	Ⅴ级围岩	Ⅵ级围岩
				1	2	3	4	5	6
10	煤矿许用毫秒延期电雷管	个	2850	116	116	—	116	116	—
11	矿用阻燃电线	m	2711	9	9	—	9	9	—
12	水	m^3	866	25	25	—	25	25	—
13	其他材料费	元	996	36.4	15.3	11.1	36.4	15.3	11.1
14	气腿式凿岩机	台班	1102	3.93	5.12	—	3.93	5.12	—
15	风煤钻	台班	1106	—	—	2.52	—	—	2.52
16	10m^3/min 以内电动空压机	台班	1837	0.25	0.33	0.33	0.25	0.33	0.33
17	20m^3/min 以内电动空压机	台班	1838	1.24	1.56	—	1.24	1.56	—
18	小型机具使用费	元	1998	62.3	80.9	—	62.3	80.9	—
19	基价	元	1999	5289	5254	5065	5421	5333	5182

续前页

单位:100m³ 自然密实土、石

顺序号	项目	单位	代号	隧道长度 3000m 以内			隧道长度 4000m 以内		
				围岩级别					
				Ⅳ级围岩	Ⅴ级围岩	Ⅵ级围岩	Ⅳ级围岩	Ⅴ级围岩	Ⅵ级围岩
				7	8	9	10	11	12
1	人工	工日	1	70.5	71.8	101.0	71.8	74.0	103.4
2	原木	m^3	101	0.022	0.021	0.011	0.022	0.021	0.011
3	锯材	m^3	102	0.020	0.019	0.011	0.020	0.019	0.011
4	钢管	t	191	0.011	0.011	—	0.011	0.011	—
5	空心钢钎	kg	212	6.5	4.0	6.1	6.4	4.0	6.1
6	ϕ50mm 以内合金钻头	个	213	3	2	—	3	2	—
7	铁钉	kg	653	0.2	0.2	—	0.2	0.2	—
8	8~12 号铁丝	kg	655	1.9	1.8	—	1.9	1.8	—
9	煤矿乳化炸药	kg	2849	99.0	41.0	—	99.0	41.0	—
10	煤矿许用毫秒延期电雷管	个	2850	116	116	—	116	116	—
11	矿用阻燃电线	m	2711	9	9	—	9	9	—
12	水	m^3	866	25	25	—	25	25	—
13	其他材料费	元	996	36.4	15.3	11.1	36.4	15.3	11.1

续前页　　　　单位:100m^3 自然密实土、石

顺序号	项　目	单位	代号	隧道长度3000m以内			隧道长度4000m以内		
				围岩级别					
				Ⅳ级围岩	Ⅴ级围岩	Ⅵ级围岩	Ⅳ级围岩	Ⅴ级围岩	Ⅵ级围岩
				7	8	9	10	11	12
14	气腿式凿岩机	台班	1102	3.93	5.10	—	3.90	5.10	—
15	风煤钻	台班	1106	—	—	2.52	—	—	2.520
16	10m^3/min以内电动空压机	台班	1837	0.25	0.33	0.33	0.25	0.33	0.33
17	20m^3/min以内电动空压机	台班	1838	1.24	1.56		1.24	1.56	—
18	小型机具使用费	元	1998	62.3	80.9	—	62.3	80.9	—
19	基价	元	1999	5500	5396	5271	5563	5505	5389

续前页　　单位：100m³ 自然密实土、石

顺序号	项目	单位	代号	隧道长度4000m以上，每增加1000m		
				围岩级别		
				Ⅳ级围岩	Ⅴ级围岩	Ⅵ级围岩
				13	14	15
1	人工	工日	1	2.5	2.9	4.3
2	原木	m^3	101	—	—	—
3	锯材	m^3	102	—	—	—
4	钢管	t	191	—	—	—
5	空心钢钎	kg	212	—	—	—
6	ϕ50mm以内合金钻头	个	213	—	—	—
7	铁钉	kg	653	—	—	—
8	8～12号铁丝	kg	655	—	—	—
9	煤矿乳化炸药	kg	2849	—	—	—
10	煤矿许用毫秒延期电雷管	个	2850	—	—	—
11	矿用阻燃电线	m	2711	—	—	—
12	水	m^3	866	—	—	—
13	其他材料费	元	996	—	—	—

续前页 单位:100m³ 自然密实土、石

顺序号	项目	单位	代号	隧道长度4000m以上,每增加1000m		
				围岩级别		
				Ⅳ级围岩	Ⅴ级围岩	Ⅵ级围岩
				13	14	15
14	气腿式凿岩机	台班	1102	0.07	0.08	—
15	风煤钻	台班	1106	—	—	0.03
16	$10m^3$/min以内电动空压机	台班	1837	0.01	0.01	0.01
17	$20m^3$/min以内电动空压机	台班	1838	0.01	0.02	—
18	小型机具使用费	元	1998	—	—	—
19	基价	元	1999	134	159	216

Ⅱ.出　　渣

单位:$100m^3$ 自然密实土、石

顺序号	项　　目	单位	代号	隧道长度1000m以内		隧道长度2000m以内		隧道长度3000m以内	
				围岩级别					
				Ⅳ~Ⅴ级	Ⅵ级	Ⅳ~Ⅴ级	Ⅵ级	Ⅳ~Ⅴ级	Ⅵ级
				16	17	18	19	20	21
1	人工	工日	1	8.1	10.6	8.3	10.7	8.8	11.0
2	$2.0m^3$ 以内轮胎式防爆型装载机	台班	1055	0.40	0.26	0.44	0.25	0.44	0.28
3	15t以内防爆型自卸汽车	台班	1391	0.96	0.78	1.14	0.96	1.32	1.09
4	基价	元	1999	1467	1336	1648	1471	1811	1611

顺序号	项　　目	单位	代号	隧道长度4000m以内		隧道长度4000m以上,每增加1000m			
				围岩级别					
				Ⅳ~Ⅴ级	Ⅵ级	Ⅳ~Ⅴ级	Ⅵ级		
				22	23	24	25		
1	人工	工日	1	9.2	11.6	0.8	1.0		
2	$2.0m^3$ 以内轮胎式防爆型装载机	台班	1055	0.45	0.30	—	—		
3	15t以内防爆型自卸汽车	台班	1391	1.45	1.16	0.16	0.14		
4	基价	元	1999	1939	1711	162	157		

3-5-4 瓦斯隧道钢支撑

工程内容 1)下料,成型,钻孔,冷连接,修正;2)安装就位,紧固螺栓;3)拆除,整理,堆放。

单位:1t 钢架

顺序号	项目	单位	代号	制作、安装(冷连接) 型钢钢架	每增加一次安装	每增加一次拆除
				1	2	3
1	人工	工日	1	20.6	7.7	2.9
2	光圆钢筋	t	111	—	—	—
3	带肋钢筋	t	112	0.117	—	—
4	型钢	t	182	0.960	—	—
5	钢板	t	183	0.100	—	—
6	电焊条	kg	231	4.2	—	—
7	铁件	kg	651	19.1	—	—
8	其他材料费	元	996	120.97	—	—
9	4t 以内防爆型载货汽车	台班	1380	0.58	—	—
10	32kV·A 以内交流电弧焊机	台班	1726	1.22	—	—

续前页

单位：100m³ 自然密实土、石

顺序号	项　　目	单位	代号	制作、安装（冷连接）型钢钢架	每增加一次安装	每增加一次拆除
				1	2	3
11	小型机具使用费	元	1998	5.5	—	—
12	基价	元	1999	5973	379	143

注：临时钢支撑应根据下表规定的周转次数编制预算；如由于工程规模或工期限制达不到规定的周转次数时，可按施工组织设计的工程量编制预算，并按下表规定的回收率计算回收金额。连拱隧道的中、侧导洞临时钢支撑，可由设计单位按实际回收率计算回收金额。

回 收 项 目	周 转 次 数					计 算 基 数
	50	40	30	20	10	
型钢、钢板、钢筋	—	30%	50%	65%	80%	材料原价

3－5－5　瓦斯隧道管棚、小导管

工程内容　管棚:场地清理、搭拆脚手架,布眼、钻孔、清孔,钢管制作、运输、就位、顶进。
超前小导管:搭拆脚手架,布眼、钻孔、清孔,钢管制作、运输、就位、顶管。
注浆:浆液制作、注浆、检查、堵孔。

单位:$10m^3$、10m 及 100m

顺序号	项　目	单位	代号	管　棚（管径:mm）		超前小导管	注　浆	
				80	108		水泥浆	水泥—水玻璃浆
				10m		100m	$10m^3$	
				1	2	3	4	5
1	人工	工日	1	4.3	5.1	25.0	19.6	20.5
2	1:1 水泥砂浆	m^3	—	—	—	—	(10.50)	—
3	水泥—水玻璃浆	m^3	—	—	—	—	—	(10.50)
4	锯材	m^3	102	0.025	0.025	—	—	—
5	钢管	t	191	0.108	0.161	0.251	—	—
6	空心钢钎	kg	212	—	—	3.8	—	—
7	ϕ50mm 以内合金钻头	个	213	—	—	2	—	—
8	ϕ150mm 以内合金钻头	个	214	0.18	0.20	—	—	—

续前页　　单位：10m³、10m 及 100m

顺序号	项目	单位	代号	管棚（管径：mm）		超前小导管	注浆	
				80	108		水泥浆	水泥—水玻璃浆
				10m		100m	$10m^3$	
				1	2	3	4	5
9	水玻璃	kg	749	—	—	—	—	3106.8
10	磷酸二氢钠	kg	750	—	—	—	—	73.3
11	32.5 级水泥	t	832	—	—	—	7.872	5.462
12	水	m^3	866	2	2	9	8	6
13	其他材料费	元	996	50.0	60.0	20.0	4.6	5.1
14	风煤钻	台班	1106	—	—	3.96	—	—
15	全液压履带钻机 ZYL－3200	台班	1122	0.61	0.88	—	—	—
16	4t 以内防爆型载货汽车	台班	1380	0.02	0.02	—	0.47	0.36
17	1t 以内防爆型机动翻斗车	台班	1422	—	—	0.29	—	—
18	$20m^3$/min 以内电动空压机	台班	1838	0.61	0.88	0.46	—	—
19	小型机具使用费	元	1998	27.1	34.4	21.9	69.6	144.1
20	基价	元	1999	1551	2172	3233	3729	6553

3-5-6 瓦斯隧道喷射混凝土

工程内容 冲洗岩面，安、拆、移机具设备，混凝土及钢纤维混凝土上料、喷射、养生，冲洗机具，移动喷浆架。

单位：$10m^3$

顺序号	项目	单位	代号	气密性混凝土	钢纤维混凝土
				1	2
1	人工	工日	1	32.7	40.9
2	C25 喷射混凝土	m^3	92	(12.00)	(12.00)
3	锯材	m^3	102	0.110	0.010
4	钢纤维	t	225	—	0.428
5	气密剂	kg	754	380.0	—
6	32.5 级水泥	t	832	5.429	5.628
7	水	m^3	866	22	22
8	中(粗)砂	m^3	899	6.78	7.20
9	碎石(2cm)	m^3	951	6.70	6.84
10	其他材料费	元	996	358.3	358.3
11	混凝土防爆型喷射机	台班	1284	1.66	2.15
12	$9m^3$/min 以内机动空压机	台班	1842	1.49	1.73
13	小型机具使用费	元	1998	98.4	98.4
14	基价	元	1999	7190	8305

3-5-7　瓦斯隧道现浇混凝土衬砌

工程内容　模板台车浇筑混凝土:1)清理岩面及基底;2)台车就位、调整、挡头板制作、安装、拆除、修理、涂脱模剂、堆放、台车维护;3)混凝土浇筑、捣固及养生。

模架浇筑混凝土:1)清理岩面及基底;2)模架制作、安装、拆除、移动;3)模板制作、安装、拆除、修理、涂脱模剂、堆放;4)混凝土浇筑、捣固及养生。

瓦斯隔离板:1)搭、拆、移工作平台;2)基面处理,钻孔,钉锚固钉;3)下料,运至施工现场,拼接就位连接。

钢筋:除锈、制作、运输、绑扎、电焊。

混凝土运输:1)第一个1km:等待、装、卸、运行、掉头、空回、清洗车辆;2)每增运500m:运走500m及空回。

单位:$10m^3$、$100m^2$、1t及$100m^3$

顺序号	项目	单位	代号	现浇混凝土衬砌				瓦斯隔离板	钢筋	混凝土运输(运输车容量:m^3)			
				模筑		仰拱	仰拱回填			3以内		6以内	
				模板台车	模架					第一个1km	每增运0.5km	第一个1km	每增运0.5km
				$10m^3$				$100m^2$	1t	$100m^3$			
				1	2	3	4	5	6	7	8	9	10
1	人工	工日	1	9.4	22.9	6.8	6.5	6.1	18.6	—	—	—	—
2	C15泵送混凝土(气密性)	m^3	45	—	—	—	(10.40)	—	—	—	—	—	—
3	C25泵送混凝土(气密性)	m^3	47	(11.70)	(11.70)	(10.40)	—	—	—	—	—	—	—

续前页 单位:$10m^3$、$100m^2$、1t 及 $100m^3$

顺序号	项目	单位	代号	现浇混凝土衬砌				瓦斯隔离板	钢筋	混凝土运输(运输车容量:m^3)			
				模筑		仰拱	仰拱回填			3 以内		6 以内	
				模板台车	模架					第一个1km	每增运0.5km	第一个1km	每增运0.5km
				$10m^3$				$100m^2$	1t	$100m^3$			
				1	2	3	4	5	6	7	8	9	10
4	原木	m^3	101	—	0.018	—	—	—	—	—	—	—	—
5	锯材	m^3	102	0.017	0.020	0.022	—	—	—	—	—	—	—
6	枕木	m^3	103	0.013	—	—	—	—	—	—	—	—	—
7	带肋钢筋	t	112	—	—	—	—	—	1.025	—	—	—	—
8	型钢	t	182	—	0.008	—	—	—	—	—	—	—	—
9	钢板	t	183	—	0.028	—	—	—	—	—	—	—	—
10	电焊条	kg	231	—	—	—	—	—	4.3	—	—	—	—
11	钢模板	t	271	0.056	—	—	—	—	—	—	—	—	—
12	组合钢模板	t	272	—	—	—	—	—	—	—	—	—	—
13	铁件	kg	651	—	8.0	—	—	—	—	—	—	—	—
14	铁钉	kg	653	—	0.1	—	—	—	—	—	—	—	—
15	8~12 号铁丝	kg	655	—	1.8	—	—	—	—	—	—	—	—

续前页　　单位:$10m^3$、$100m^2$、1t 及 $100m^3$

顺序号	项目	单位	代号	现浇混凝土衬砌				瓦斯隔离板	钢筋	混凝土运输(运输车容量:m^3)			
				模筑		仰拱	仰拱回填			3 以内		6 以内	
				模板台车	模架					第一个1km	每增运0.5km	第一个1km	每增运0.5km
				$10m^3$				$100m^2$	1t	$100m^3$			
				1	2	3	4	5	6	7	8	9	10
16	20~22 号铁丝	kg	656	—	—	—	—	—	3.9	—	—	—	—
17	气密剂	kg	754	283.4	283.4	251.9	204.5	—	—	—	—	—	—
18	32.5 级水泥	t	832	4.048	4.048	3.598	2.921	—	—	—	—	—	—
19	水	m^3	866	11	12	11	11	—	—	—	—	—	—
20	中(粗)砂	m^3	899	6.79	6.79	6.03	6.14	—	—	—	—	—	—
21	碎石(4cm)	m^3	952	8.54	8.54	7.59	8.01	—	—	—	—	—	—
22	橡胶瓦斯隔离板	m^2	2769	—	—	—	—	106.0	—	—	—	—	—
23	其他材料费	元	996	7.8	20.5	5.2	4.8	185.6	—	—	—	—	—
24	设备摊销费	元	997	242.0	—	—	—	—	—	—	—	—	—
25	$3m^3$ 以内防爆型搅拌运输车	台班	1354	—	—	—	—	—	—	3.01	0.22	—	—
26	$6m^3$ 以内防爆型搅拌运输车	台班	1355	—	—	—	—	—	—	—	—	1.75	0.12

续前页　　　　　　　　　　　　　　　　　　　　　　　　　　　　单位:$10m^3$、$100m^2$、1t 及 $100m^3$

顺序号	项　目	单位	代号	现浇混凝土衬砌				瓦斯隔离板	钢筋	混凝土运输(运输车容量:m^3)			
				模筑		仰拱	仰拱回填			3 以内		6 以内	
				模板台车	模架					第一个 1km	每增运 0.5km	第一个 1km	每增运 0.5km
				$10m^3$				$100m^2$	1t	$100m^3$			
				1	2	3	4	5	6	7	8	9	10
27	$60m^3/h$ 以内混凝土输送泵	台班	1316	0.13	0.20	0.15	0.15	—	—	—	—	—	—
28	4t 以内防爆型载货汽车	台班	1380	—	0.08	—	—	—	—	—	—	—	—
29	32kV·A 以内交流电弧焊机	台班	1726	—	—	—	—	—	1.11	—	—	—	—
30	小型机具使用费	元	1998	8.4	5.6	6.4	7.2	35.0	34.0	—	—	—	—
31	基价	元	1999	4403	4820	3359	2962	5185	4596	2366	173	2285	157

3-5-8 瓦斯隧道正洞通风

工程内容 洞内通风,通风机、风管搬运、安装、调试、使用、维护及拆除。

单位:每100延米洞身长

顺序号	项目	单位	代号	隧道长度(m)				
				1000以内	2000以内	3000以内	4000以内	4000以上,每增加1000
				1	2	3	4	5
1	人工	工日	1	305.7	337.9	372.0	417.5	34.7
2	其他材料费	元	996	2326.0	2132.0	2206.0	2744.0	539.0
3	三速隧道专用轴流式风机	台班	1934	214.0	237.7	263.3	296.3	25.9
4	基价	元	1999	204557	226678	250822	282465	24901

3－5－9 瓦斯隧道正洞高压风水管、照明、电线路

工程内容 高压风、水管，照明、动力电线路、照明器材选配料，搬运、安装、铺设、调试，使用，维护及拆除。

单位：每 100 延米洞身长

顺序号	项目	单位	代号	隧道长度(m)				
				1000 以内	2000 以内	3000 以内	4000 以内	4000 以上，每增加 1000
				1	2	3	4	5
1	人工	工日	1	425.5	502.8	670.5	754.3	22.9
2	钢管	t	191	0.442	0.757	0.849	1.244	0.243
3	矿用阻燃电缆	m	2708	8	8	24	40	12
4	矿用阻燃电线	m	2711	39	68	78	79	1
5	电	kW·h	865	11132	14433	19297	23615	2143
6	其他材料费	元	996	1323.0	1536.6	1912.3	2039.2	61.2
7	小型机具使用费	台班	1998	6189.8	6800.0	8358.0	8691.0	87.0
8	基价	元	1999	37685	46011	60384	70520	4539

3-5-10 瓦斯隧道施工监测监控系统

工程内容 设备安装、调试,设备自检,系统运营试验、记录数据、整理资料,设备维修与拆除。

单位:套

顺序号	项目	单位	代号	瓦斯监测系统	人员管理系统	放炮联锁系统	视频监控及语音广播系统	煤与瓦斯突出实时诊断系统
				1000m 以内				
				1	2	3	4	5
1	人工	工日	1	54.5	40.4	29.5	40.2	85.0
2	其他材料费	元	996	38592.0	18923.0	455.0	14914.5	2109.0
3	设备摊销费	元	997	84200.0	144900.0	45500.0	56450.0	273800.0
4	小型机具使用费	台班	1998	145.0	96.7	12.3	88.8	200.6
5	基价	元	1999	125618	165907	47419	73431	280292

顺序号	项目	单位	代号	瓦斯监测系统	人员管理系统	视频监控及语音广播系统		
				每增加 1000m				
				6	7	8		
1	人工	工日	1	27.3	20.2	20.1		
2	其他材料费	元	996	8250.0	16500.0	13650.0		
3	设备摊销费	元	997	—	—	—		
4	小型机具使用费	台班	1998	—	—	—		
5	基价	元	1999	9593	17494	14639		

附录1　贵州省公路工程机械台班费用补充定额表

序号			1	2	3	4	5	6
代号			1055	1106	1121	1122	1284	1354
机械名称		单位	2.0m³ 以内轮胎式防爆型装载机	风煤钻	全液压履带钻机 ZYL－1250	全液压履带钻机 ZYL－3200	混凝土防爆型喷射机	3m³ 以内防爆型搅拌运输车
主机型号			ZL40	ZQS－30/2.5	ZYL－1250	ZYL－3200	HPH6	JCQ3
不变费用	折旧费	元	202.08	7.04	57.14	82.29	38.33	286.83
	大修理费	元	25.86	4.17	20.23	29.14	4.67	49.20
	经常修理费	元	92.06	29.40	42.49	61.20	19.01	202.70
	安拆及辅助设施费	元	—	—	0.87	1.25	0.62	—
	小计	元	320.00	40.61	120.73	173.88	62.63	538.73
可变费用	人工	工日	1	—	1	1	2	1
	汽油	kg	—	—	—	—	—	—
	柴油	kg	92.86	—	—	—	—	40.46
	重油	kg	—	—	—	—	—	—
	煤气	kg	—	—	—	—	—	—
	煤	kg	—	—	—	—	—	—
	电	kW·h	—	—	176.00	360.00	42.60	—
	养路费及车船使用税	元	—	—	—	—	—	—
定额基价		元	824.21	40.61	266.73	421.08	184.46	786.18

续前页

序号			7	8	9	10	11	
代号			1355	1380	1391	1422	1934	
机械名称		单位	6m³ 以内防爆型搅拌运输车	4t 以内防爆型载货汽车	15t 以内防爆型自卸汽车	1t 以内防爆型机动翻斗车	三速隧道专用轴流式风机	
主机型号			MR45	CA10B	SH361,T815	F10A	SDDY - Ⅲ - NO 12.5 2250m³/min	
不变费用	折旧费	元	472.78	90.43	263.38	53.79	153.60	
	大修理费	元	99.94	5.68	28.65	3.60	20.19	
	经常修理费	元	411.75	31.86	95.69	14.15	50.49	
	安拆及辅助设施费	元	—	—	—	—	14.17	
	小计	元	984.47	127.97	387.72	71.54	238.45	
可变费用	人工	工日	1	1	1	1	—	
	汽油	kg	—	34.28	—	—	—	
	柴油	kg	55.54	—	67.89	9.00	—	
	重油	kg	—	—	—	—	—	
	煤气	kg	—	—	—	—	—	
	煤	kg	—	—	—	—	—	
	电	kW·h	—	—	—	—	1156.85	
	养路费及车船使用税	元	—	—	—	—	—	
定额基价		元	1305.82	355.43	769.58	164.84	874.72	

附录2　新增材料代号、单位质量、损耗、单价表

顺序号	名　　称	代号	规　　格	单位	单位质量(kg)	场内运输及操作损耗(%)	单价(元)
1	ϕ150mm 以内合金取芯钻头	2215	ϕ75mm	个	1	—	160.00
2	矿用阻燃电缆	2708	UY - 0.38/0.66MY - 0.38/0.66	m	—	5	59.85
3	矿用阻燃电线	2711	EM - ZA(B,C,D) - YJLY	m	—	5	4.01
4	橡胶瓦斯隔离板	2769	厚 1.2mm	m^2	2	6	44.00
5	ϕ1500mm 抗静电阻燃风筒	2815		m	—	6	45.00
6	煤矿乳化炸药	2849	每卷 150 ~ 250kg	kg	1	1	6.00
7	煤矿许用毫秒延期电雷管	2850	1 ~ 5 段，金属壳，铁脚线长 2m	个	0.007	3	1.52

作品登记证书

登 记 号： 黔作登字22－2014－A－1173号

作品/制品名称：《贵州省瓦斯隧道预算定额》

作品类型：文字作品

作　　者：张胜林、车正伟、张领先、周斌、蒋永军、魏国红、聂艳雪

著作权人：贵州省交通建设工程造价管理站（贵州省交通技术中心）

首次发表时间：

首次出版/制作日期：2013年12月27日

以上事项，由贵州省交通建设工程造价管理站（贵州省交通技术中心）申请，经　贵州省版权局　审核，根据《作品自愿登记试行办法》规定，予以登记。

登记日期：　2014年02月28日

登记机构签章